Début d'une série de documents
en couleur

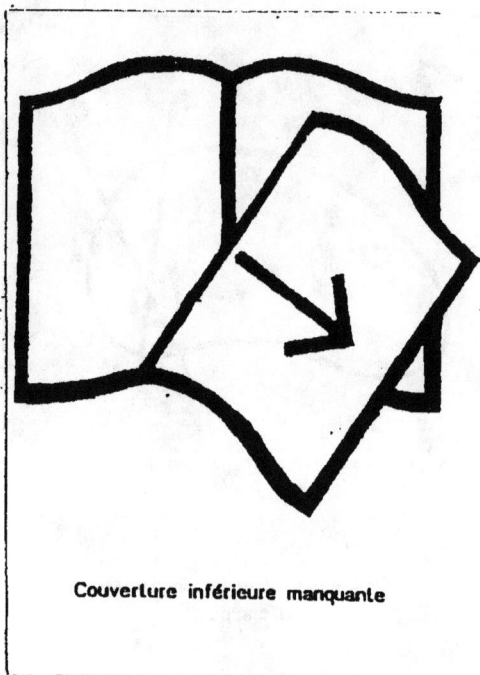

Couverture inférieure manquante

COMMUNICATION

SUR

L'ORGANISATION DE LA LUTTE

Contre la Pornographie

FAITE AU

CONGRÈS DE L'ASSOCIATION PROTESTANTE

POUR

l'Etude pratique des Questions Sociales

Marseille, 28 et 29 Octobre 1891.

NICE

IMPRIMERIE V.-EUG. GAUTHIER & Cº

27, Avenue de la Gare, 27.

1891

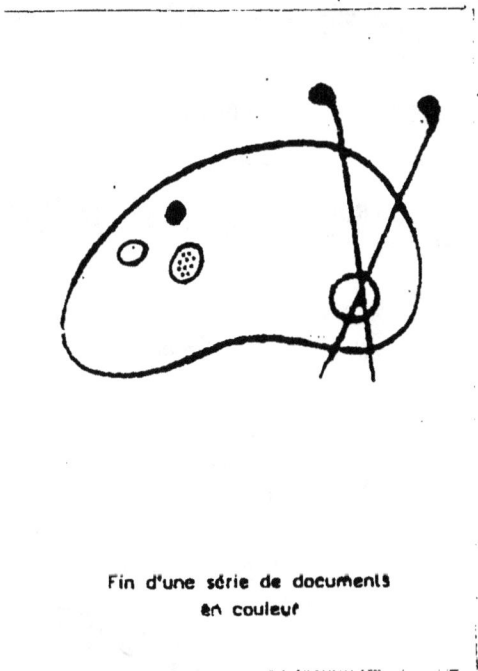

Fin d'une série de documents
en couleur

COMMUNICATION

SUR

L'ORGANISATION DE LA LUTTE

Contre la Pornographie

FAITE AU

CONGRÈS DE L'ASSOCIATION PROTESTANTE

POUR

l'Etude pratique des Questions sociales

Marseille, 28 et 29 Octobre 1891.

NICE

IMPRIMERIE V.-EUG. GAUTHIER & Cº

27, Avenue de la Gare, 27.

1891

(C.)

COMMUNICATION

SUR

l'Organisation de la Lutte contre la Pornographie

A la demande de plusieurs membres de notre association, le bureau a inscrit à l'ordre du jour du Congrès
l'organisation de la lutte contre la pornographie.

Je remercie les protestants de Nîmes qui ont pris
l'initiative de la proposition et notre bureau qui l'a favo-
rablement accueillie.

Ayant eu depuis quelques années l'occasion de tour-
ner et de retourner la question sous toutes ses faces, je
crois bien faire en indiquant au Congrès quelques-unes
des conclusions auxquelles j'ai abouti.

Les pages qui suivent ne sont du reste pas une œuvre
personnelle. Appelé ces derniers mois à dépouiller la
vaste correspondance provoquée par l'enquête de la Ligue
pour le relèvement de la Moralité publique, j'ai trouvé
dans les lettres de nos collaborateurs d'utiles conseils et
de sages critiques. Je me suis inspiré des unes et des
autres ; je me suis même parfois permis de citer textuel-
lement leurs observations.

Je saisis cette occasion pour remercier cordialement

tous ceux de nos correspondants qui font partie de l'Association. Leur concours nous est très précieux, qu'ils veuillent bien nous le continuer. Exclusivement chargé de la direction de l'enquête par le Comité central de la Ligue, je puis leur garantir la discrétion la plus complète. Il est bon, en particulier, que les fonctionnaires qui nous honorent de leur confiance soient persuadés que leur collaboration à notre œuvre de salubrité publique ne leur créera aucun ennui. Je suis et resterai seul à connaître leurs noms.

Le Congrès n'aura sans doute pas le temps de mettre en discussion toutes mes conclusions. Quelques-unes sont même trop théoriques et trop vastes pour se prêter utilement à des délibérations aussi rapides que les nôtres. Si je les ai indiquées, c'est simplement à titre de suggestions et pour montrer à quel point la question spéciale qui nous occupe, se rattache aux problèmes les plus importants.

Je ne perdrai pas une minute à insister sur la gravité du péril pornographique. A cet égard, grâce à Dieu, l'accord est complet entre nous. Il est, par contre nécessaire que je vous dise où en est la campagne entreprise avec votre concours, et que je profite de l'occasion pour écarter toutes sortes de malentendus dont pâtit notre œuvre.

Le premier malentendu que j'aimerais dissiper concerne le caractère même de la Ligue.

Quelques-uns de nos adversaires ont découvert qu'elle était une œuvre protestante, biblique ! a gravement déclaré un journaliste. Le fétichisme des mots est si puissant parmi nous qu'il suffit d'une accusation de ce genre pour couler une entreprise.

Or chacun peut voir, en feuilletant la *Déclaration de principes* de la Ligue, que celle-ci entend observer la neutralité la plus absolue dans les questions politiques, philosophiques et religieuses; et chacun peut se convaincre de la fidélité avec laquelle ce programme a été exécuté.

Qu'il y ait des protestants dans la Ligue, cela est incontestable : ils y sont au même titre que leurs concitoyens catholiques, israélites ou libres-penseurs. Mais qu'aucun de nos comités régionaux ou même qu'aucun de leurs membres influents ait jamais songé à utiliser la Ligue dans un intérêt protestant, cela est faux et cela est niais. L'un ou l'autre s'en fût-il même avisé, qu'il eût bien vite été rappelé au règlement par ses collègues catholiques et libres-penseurs ou même par ses propres coreligionnaires qui font de la loyauté le trait distinctif de la piété huguenote.

On me fera peut-être remarquer que ce Congrès est bien celui d'une association strictement protestante et que je viens pourtant y servir l'œuvre de la Ligue. Sans aucun doute, mais de la même façon que je le ferais dans une assemblée catholique ou dans une réunion maçonnique, si j'en avais l'autorisation.

L'Association protestante et la Ligue sont deux œuvres absolument distinctes et sans lien entre elles. L'une fait appel à tous les Français ; l'autre s'adresse exclusivement aux protestants. Que les membres de notre Association qui ont souci des intérêts de la Patrie entrent dans la Ligue et s'efforcent de faire entrer leurs collègues, quoi de plus naturel et de plus légitime ! A entendre certains adversaires, on croirait vraiment que nous n'avons pas encore échappé aux servitudes du passé et conquis le droit d'aimer la France de tout notre cœur et de la servir de toutes nos forces.

Qu'on excuse la longueur de ces explications. Si je les ai données c'est que j'avais des raisons péremptoires. Après avoir répondu aux attaques des ennemis, j'aimerais faire la lumière sur certains points où plusieurs des amis de la Ligue sont encore dans le brouillard. On se fait en général une idée très confuse de l'œuvre à laquelle la Ligue est appelée. On ne se donne pas la peine de lire sa déclaration de principes et ses rapports ; et sans se demander quel est exactement son domaine, on lui suggère des entreprises qui ne sont pas de sa compétence.

N'étant ni qualifiée, ni outillée pour les efforts qu'on attend d'elle, elle s'abstient et encourt le blâme sévère de ses conseillers bénévoles et peu réfléchis. D'autres raillent la lenteur de son développement ; s'ils mettaient seulement la main à la pâte, ils verraient eux-mêmes les difficultés inouïes contre lesquelles se heurte en France toute œuvre de moralité publique, et deviendraient plus indulgents. Quelques-uns enfin, secrètement hostiles aux tentatives de la Ligue en dénaturent à plaisir le caractère afin de pouvoir mieux la critiquer et la dénigrer.

Je ne m'occupe ici que de la lutte contre la pornographie ; bien qu'elle ne constitue qu'un des articles du programme de la Ligue, c'est elle qui absorbe pour le moment l'attention, et vous me blâmeriez avec raison si j'égarais vos pensées sur d'autres points.

Si vous lisez mes conclusions vous verrez que je préconise deux sortes de mesures ; les mesures répressives et les mesures préventives. J'estime la répression urgente mais inefficace sans la prévention.

Le cœur humain est superstitieux et volontiers exclusif. Nous nous imaginons en toute occasion, qu'il n'y a qu'un remède et quand nous croyons l'avoir trouvé, nous dédaignons tout le reste.

Dans la question que nous étudions, les uns attendent tout de la prévention et ne tarissent pas sur l'inanité des mesures répressives ; d'autres au contraire ne connaissent que la répression. Les uns et les autres ont raison de proposer le remède qu'ils proposent ; ils ont tort de croire qu'il suffit et dispense de tous les autres.

Vous recommandez une grande œuvre de bibliothèques populaires : j'applaudis des deux mains et vous promets de grand cœur mon faible concours ; mais vous croyez sage de faire valoir votre proposition en dénigrant les efforts tentés pour obtenir une énergique application de la loi : ici je vous arrête et suis forcé de vous dire que vous déraisonnez.

Nous nous trouvons en présence d'un scandale inouï ; d'attentats aux mœurs perpétrés au grand jour dans les

rues de nos grandes villes sur tous nos enfants! Chaque
jour qui passe dans cette incurie des autorités, augmente
le nombre des victimes. Et du haut de votre infaillibilité
vous souriez de pitié à la vue des pères et des mères, qui
d'une voix indignée somment les pouvoirs publics de
faire leur devoir et de le faire sur-le-champ.

Vos bibliothèques! mais si dévorant que soit votre
zèle, combien d'années ne s'écouleront pas avant qu'un
résultat appréciable ait été obtenu? et durant tout ce
temps les bandits de la plume et du crayon, comme les
appelle M. Frédéric Passy, continueront leur œuvre?
Vous n'y pensez pas.

Et ce qui est vrai des bibliothèques populaires l'est
également de la plupart des moyens préventifs qu'on nous
vante. Ils sont excellents et seront efficaces à la condition
de ne pas agir seuls. Complexes sont les causes du péril
pornographique, nombreux et variés les remèdes qu'il
exige; ne simplifions pas le problème à l'excès, nous ne
trouverions jamais sa solution. Mesures répressives et
mesures préventives; la lutte contre la pornographie ne
peut se passer ni des unes, ni des autres.

Dans ce cas me dira-t-on peut-être, pourquoi la Ligue
n'a-t-elle jamais proposé des mesures préventives? Je
réponds: parce que ce n'est pas là son affaire.

Chaque Association doit prévenir tout sujet de désac-
cord entre ses membres et lorsque ceux-ci viennent de
tous les coins de l'horizon politique. philosophique et
religieux, les causes de division abondent.

La Ligue ne peut échapper au danger qu'en restrei-
gnant et en délimitant le champ de son activité. Elle a
concentré toute son attention sur la répression légale de
la pornographie, et j'estime que constituée comme elle
l'est, elle ne pouvait faire autrement. Mais elle dédaigne
si peu les œuvres préventives qu'elle espère bien les voir
bénéficier de l'agitation de l'opinion publique qu'elle
s'efforce de provoquer.

Pourquoi donc ne pas obéir, dans ce domaine comme
dans tous les autres, à la grande loi de la division du tra-

vail, laisser à la Ligue - non pas le monopole — mais l'organisation du mouvement destiné à hâter les mesures de répression et aider en même temps, avec une égale ardeur, les Associations philanthropiques ou religieuses qui prennent l'initiative des œuvres préventives ?

Les conclusions par lesquelles je termine ces pages, prouveront, je l'espère, l'importance que j'attache à cette dernière sorte d'efforts. Si je n'ai pas à m'en occuper en ma qualité de secrétaire de la Ligue, comme protestant et comme disciple de Jésus-Christ, je réclame énergiquement le droit de le faire.

En assignant à la Ligue le terrain de l'action légale, nous allons au devant d'une nouvelle cause de malentendus.

En fait de répression on peut demander le plus ou le moins ; réclamer par exemple des poursuites contre le livre infâme aussi bien que contre la feuille obscène. La Ligue ne l'a pas fait, elle a cru devoir borner ses vœux.

Sa modération a été mal interprétée par ceux qui l'encourageaient à faire grand et à frapper d'estoc et de taille sur les auteurs comme sur les journalistes : on l'a prise pour de la timidité, peut-être même de la lâcheté.

Je reconnais que notre programme est bien modeste, comparé à celui des diverses Associations analogues qui travaillent dans quelques contrées de l'Europe ; mais il serait juste de tenir compte de l'état de choses qui existe en France et de celui qu'on rencontre ailleurs.

L'autre jour, au Congrès de Berne, le président de la Société Suisse contre la littérature immorale, se félicitait de l'appui cordial donné à ses efforts par le gouvernement Suisse.

En Angleterrre, il n'est plainte si excessive, qui ne trouve un accueil favorable près des tribunaux.

En Belgique, les pouvoirs publics devancent l'opinion.

Chez nous, c'est tout juste le contraire.

Nos plus grosses difficultés nous sont créées, comme je le montrerai plus loin, par l'attitude inqualifiable de la magistrature ; et c'est cette circonstance, il faut que chacun le comprenne, qui imprime à notre lutte un caractère particulier.

Ailleurs il suffit d'avoir raison pour obtenir gain de cause ; ici eussions-nous dix fois raison pour une que cela n'y changerait rien. Si nous ne réussissons pas à ameuter l'opinion contre l'inertie des pouvoirs publics, nous n'aboutirons pas.

Une immense œuvre de propagande est la condition préalable de tout succès complet et durable : il nous faut faire la conquête des honnêtes gens. Et si craignant de nous attarder en chemin, nous négligions cette précaution et nous bornions à agir directement sur les pouvoirs publics, les résultats obtenus, à supposer que nous en obtenions, seraient aussi fragiles qu'éphémères.

D'un autre côté ces honnêtes gens dont le concours nous est indispensable ont, au sujet d'une œuvre de moralisation comme la nôtre des répugnances et des scrupules de toute nature. Il importe que nous en tenions grandement compte, sinon nous continuerons à parler dans le désert.

Il est d'abord certain qu'un programme dont la première ligne parle de moralité, est immédiatement frappé de suspicion. Les hommes les plus moraux parmi nous, n'aiment pas qu'on parle de moralité. Moralistes : rigoristes : hypocrites. Le cliché a vieilli mais n'a pas perdu son efficacité.

La peur du ridicule s'en mêlant — et chacun sait sa puissance — les meilleurs vantent nos bonnes intentions puis nous faussent poliment compagnie ; quant aux gracieusetés dont les autres nous accablent, inutile d'en parler.

A côté du brave homme qui redoute le ridicule, il y a aussi celui qui trouve qu'il ne faut rien exagérer et qu'il n'y a pas là, en somme, de quoi fouetter un chat.

Les plus honnêtes le sont bien peu dans un certain domaine. Ce n'est pas en vain que nos classes aisées ont subi dans leur jeunesse ce régime de la flétrissure à peu près obligatoire qui s'appelle l'internat.

Notons encore certaines répugnances que dicte le bon sens. Tout d'abord l'idée fort juste qu'une poursuite judiciaire est la meilleure réclame que puisse souhaiter un manœuvre de lettres ; puis la conviction, non moins raisonnable, que le remède efficace à toutes ces turpitudes ne gît pas dans la répression légale, si énergique et si vigoureuse qu'elle puisse être, mais dans un mouvement des âmes et des intelligences.

Pour balayer les miasmes pestilentiels que dégage la basse littérature dont nous sommes infectés, ce qu'il faut, nous dit-on, ce sont les courants vivifiants qui descendent des hauts sommets, où s'élaborent entre ciel et terre les chefs-d'œuvre de l'art et de la pensée.

Non seulement je comprends cette manière de voir, mais je ne sais trop à vrai dire ce qu'on pourrait lui opposer.

On fait enfin valoir contre les tentatives de la Ligue des scrupules d'un ordre très élevé. On craint que la répression rigoureuse de la pornographie ne porte atteinte à l'héritage le plus précieux des sociétés modernes : liberté individuelle, liberté de la presse, etc... Le souvenir des odieuses servitudes du passé se réveille et l'on proteste avec véhémence contre toute ingérence de l'Etat dans le domaine de la vie privée.

Ce n'est pas à des fils de huguenots qu'il conviendrait de traiter avec dédain les sentiments qui inspirent ces craintes. Le souci de la liberté individuelle est le feu sacré qui brûle sur l'autel des races de l'Occident : si on le laisse s'éteindre, malheur à nous ! Mieux vaut faire la part du vrai et du faux dans l'opposition instinctive que je signale. Qui sait si nous ne pourrons retirer quelque enseignement, grâce auquel nous assurerons à notre œuvre les sympathies qu'on lui marchande encore.

Reconnaissons, sans nous en faire prier, que l'Etat est un fâcheux instrument de moralisation et que tous les essais de réforme des mœurs par la contrainte, ont misérablement échoué.

Au puritanisme et au règne des saints a succédé en Angleterre le dévergondage honteux du règne de Charles II ; en France, aux censeurs de la Convention les efféminés du Directoire.

Nos démocraties comprennent de plus en plus que la loi doit être la gardienne du droit et que le domaine du droit et celui de la moralité se touchent mais ne se confondent jamais.

Le droit est la condition de la moralité, c'est-à-dire de l'activité libre et responsable de l'homme ; mais le droit n'est pas la moralité.

Il l'est si peu, qu'un homme ne peut agir en créature morale s'il n'a pas le droit d'être immoral. Je parle du droit, au sens étroit et légal du mot, bien entendu.

On ne s'avisera jamais de vanter la générosité d'un homme auquel la loi arracherait tous ses revenus pour les appliquer à des œuvres d'utilité publique. Je ne puis être généreux que si j'ai le droit d'être avare.

Le droit de chacun est en somme la sphère d'activité que la loi garantit à chacun, et dans l'intérieur de laquelle la loi l'autorise à faire ce que bon lui semble — fût-ce même les actes les plus répréhensibles au point de vue moral.

Tant que l'homme ne franchit pas les limites qui lui sont assignées par le droit d'autrui, la loi le protège envers et contre tous, mais s'il s'avise de faire irruption chez son voisin, il commet un délit et tombe sous le coup de la loi. Ce n'est pas l'immoralité de l'acte qui constitue le délit, mais la violation du droit.

Qu'on me pardonne cette digression un peu abstraite ; je ne pouvais l'éviter. Pour délimiter le terrain sur lequel peut s'engager avec quelque succès la lutte contre la pornographie, je devais insister sur la distinction à faire entre le droit et la moralité. Elle est à la base du droit nouveau qui s'élabore au sein de nos sociétés modernes en s'inspirant de plus en plus du respect de la personne humaine. On risque de travailler à contre-sens chaque fois qu'on perd de vue cet élément constitutif de la conception libérale et démocratique.

Je confesse qu'à cet égard notre langage courant est inexact, et prête à de sérieuses critiques. Ainsi nous avons tort, à mon avis, de préconiser la répression légale de la littérature immorale. S'il plaît à un misérable d'imprimer des vilenies et qu'il plaise à un autre misérable de les acheter, où est la violation du droit ? Je ne le vois pas. Chacun des deux contractants a agi dans la plénitude des droits que leur garantit la loi. Celle-ci n'a donc pas à intervenir.

Qu'on ne m'accuse pas d'assurer aux pires drôles qui existent une impunité scandaleuse. On oublie trop souvent qu'il y a des pénalités infiniment plus graves que celles de la loi : l'énergique réprobation de l'opinion publique, la mise au ban des honnêtes gens, etc.

Si ces peines sont actuellement si mal appliquées, c'est à cause de notre lâcheté à haïr le mal et de notre aplatissement devant ceux qui le commettent. Que l'opinion s'éveille pour de bon, et le code social sera mis en vigueur.

Mais il est essentiel de ne pas confondre ces diverses sortes de pénalités et de ne pas demander à la loi ce qui n'est pas de son ressort.

J'insiste, et je prends un exemple sur le vif. L'entreprise pornographique dirigée par *La Lanterne* est la pire de toutes. Feuille politique qui dispose d'une influence considérable. qui se vante non sans raison, d'avoir défait des ministères, et qui a fait des ministres, elle s'est abaissée au point de devenir la plus vaste spéculation en dépravation publique de l'heure actuelle. Le parti politique, dont elle est un des organes les plus en vue, ne songe pas à protester : le ministère qui la craint, se garde bien de l'inquiéter, au contraire! On ne peut lire sans rougir de honte pour la France et la République, les notes comminatoires que publie *La Lanterne*, lorsque quelques citoyens indignés protestent contre l'infâme commerce. Elle entend que nul n'ignore sa puissance, ni la magistrature, ni la police, ni le troupeau tremblant des honnêtes gens.

Eh bien, je suppose qu'à la suite de je ne sais quelle extraordinaire circonstance les tristes personnages qui dirigent cette exploitation soient subitement pris de scrupules — l'hypothèse, si fantastique qu'elle soit, est permise — et que, sans renoncer à leur négoce, ils le transforment de façon à écarter de leur clientèle les enfants, la jeunesse, en un mot tout mineur : plus de journaux criés ou offerts dans la rue, plus de vente dans les kiosques, rien que le service aux abonnés, fait sous bande. Dans ce cas, si abominable que pût être encore le contenu du journal, je serais, je le déclare, le premier à protester contre toute poursuite judiciaire.

Mais assez d'hypothèses : considérons les faits tels qu'ils se passent sous nos yeux.

Voici ce que m'écrit un de nos collègues de Valence :

« Une après-midi, je passais dans la ville, sur une « place. Je suis des porteurs de journaux qui distribuent « à pleines mains le supplément de *La Lanterne*. Une « charrette accompagnait, chargée de liasses de journaux. « Je n'avais jamais acheté le journal, j'en demande un « pour voir si ce qu'on disait était vrai. Ce n'était que « trop vrai. *La Lanterne* a été ainsi répandue, versée « par milliers d'exemplaires : on en jetait dans les boîtes, « on en donnait aux enfants, aux jeunes filles... »

Un autre de mes correspondants m'écrit qu'à X., ville industrielle, le marchand de journaux lui a dit : « Sur vingt numéros du supplément de *La Lanterne* que « je vends, il y en a bien quinze pour les jeunes ou- « vrières ».

Le voilà le fait délictueux, le fait criminel qui doit être impitoyablement réprimé par la loi : attentat aux mœurs commis sur des enfants.

L'enfant souillé, le mineur mis en péril : c'est là que gît la violation du droit.

En effet, nos sociétés modernes qui s'efforcent par respect pour la personne humaine, d'assurer à l'homme fait la plus grande somme de liberté, s'appliquent, en vertu du même principe, à entourer l'enfance d'une protection croissante.

Ce n'est pas ici le lieu d'examiner les raisons psychologiques qui justifient cette singulière opposition. Je me borne à constater le fait. Chaque pédagogue reconnaît que plus l'enfant est protégé, plus l'homme fait sera capable de se passer de protection.

Protection de l'enfance — liberté de l'adulte : tels sont les deux pôles de l'œuvre sociale dans une démocratie qui évolue vers la liberté.

La loi, qui doit se récuser lorsque la moralité de l'adulte est en jeu, est tenue d'intervenir lorsqu'il s'agit de celle de l'enfant.

Jadis la loi se préoccupait beaucoup des faits et gestes de l'homme ; c'est à peine si l'enfant existait pour elle. Aujourd'hui c'est le contraire, le législateur croit avoir accompli sa tâche à l'égard du premier en garantissant sa liberté ; mais il fait de la tutelle du second une de ses principales fonctions.

Et cette nouvelle attitude du législateur répond aux meilleures aspirations de la foule. Il est fréquent d'entendre une personne s'indigner contre toute restriction apportée à la liberté individuelle et demander tout d'une haleine une protection beaucoup plus efficace de l'enfance.

Nul de nous ne tolère que l'Etat se fasse professeur de morale lorsqu'il s'agit d'hommes faits, mais nul de nous ne proteste contre l'école primaire, c'est-à-dire contre l'Etat instituteur et éducateur de l'enfance. A plus forte raison y a-t-il accord unanime entre tous les bons citoyens pour exiger que l'Etat protège nos enfants.

Jamais les œuvres destinées à l'enfance, à l'éducation de l'enfance, à la protection de l'enfance, au sauvetage de l'enfance, n'ont été plus populaires.

Que conclure de tous ces faits, sinon que la répression légale de la pornographie, qui n'a aucune chance d'aboutir en France, aussi longtemps qu'on la considérera comme une lutte contre la littérature immorale, ralliera toutes les sympathies dès qu'elle apparaîtra comme le corollaire de l'œuvre tutélaire. que l'Etat est tenu d'exercer en faveur de nos enfants ?

Il n'y a pas seulement là une question de mots, mais de tactique et de méthode.

De puissantes associations agissent dans le même sens que nous, en Suisse et ailleurs. Applaudissons cordialement à leurs efforts, inspirons-nous de leur zèle, mais gardons-nous d'imiter servilement leurs procédés et de nous approprier chacune de leurs revendications. Ce serait faire fausse route.

Notre champ d'action est beaucoup plus restreint que le leur ; elles attaquent l'œuvre mauvaise ; au point de vue auquel il est sage de nous placer c'est avant tout le fait de la publicité dont nous avons à nous préoccuper : elles se proposent un effort général de salubrité publique : si nous demandons à la répression légale autre chose que la protection de l'enfance, nous n'obtiendrons rien. car nous aurons l'opinion contre nous.

Je sais les reproches que j'encours : je le sais d'autant mieux que moi-même, j'eusse trouvé jadis ce programme bien mesquin ; une longue expérience entremêlée de nombreuses défaites, m'a rendu plus modeste et, je crois pouvoir le dire, plus pratique.

En fait d'expériences du reste, la Ligue vient d'en faire une que je considère comme décisive et qui, cette fois, a été réjouissante.

C'est précisément sur ce programme très restreint, qu'elle a engagé la lutte depuis quelques mois. Toutes les personnes qui ont pris la peine de lire avec attention la brochure publiée au mois de Juin, ont pu remarquer combien point nous insistions sur la protection de l'enfance et avec quelle ténacité nous écartions de notre enquête, tout ce qui ne concerne pas la sécurité de la jeunesse française.

Si nos revendications ont trouvé dans la presse un accueil plus favorable que par le passé, c'est, j'en suis persuadé, pour avoir revêtu cette forme.

Fait curieux à noter. Les journaux qui ont flétri

l'œuvre pornographique se sont tous placés au même point de vue que la Ligue et se sont bornés à réclamer la protection des mineurs. Nos adversaires, au contraire, se sont appliqués à embrouiller la question en affectant de croire que la Ligue s'en prenait à certains auteurs ou à certaines tendances littéraires. Quant aux fonctions tutélaires qui incombent à l'Etat en faveur de nos enfants, ils n'en ont pas soufflé mot.

La tactique de nos ennemis aussi bien que celle de nos amis, nous fournit une indication que nous aurions tort de négliger. Si la Ligue se maintient dans la position qu'elle occupe, elle sera soutenue par la presse et par l'opinion ; si elle s'aventure sur un autre terrain, elle n'a aucune chance de succès. Il est souvent du devoir des individus de croire à l'impossible et d'y viser ; les Associations par contre ont à se mouvoir dans le domaine du possible.

Je crains d'avoir lassé l'attention à force d'insistance, mais j'attache une telle importance à cette question de méthode que je ne pouvais être plus bref. On me permettra maintenant de dire quelques mots du mouvement d'opinion qui commence à se dessiner.

Plusieurs journaux favorables aux efforts de la Ligue et d'autres qui ne l'étaient en aucune façon, ont affirmé que la circulaire du Garde des Sceaux avait été provoquée par notre enquête. J'ignore ce qui en est ; je me borne à constater que c'est la circulaire ministérielle qui a décidé la presse honnête à rompre le silence.

Depuis des mois que montait le flot d'ignominies, on trouvait étrange que les journaux parlassent de tout, sauf d'un scandale qui prenait les proportions d'une honte nationale. De guerre lasse, j'espérais que du moins les journaux socialistes et révolutionnaires, auxquels aucune réserve n'est imposée, auraient le courage d'élever la voix.

Quelle naïveté que la mienne ! hélas je me suis aperçu, en cette occasion comme en beaucoup d'autres, que chez certaines gens la haine de l'iniquité reste à fleur de peau.

Il y a l'indignation qui attire les faveurs populaires et celle qui les écarte ; dans bien des plates-bandes on se garde soigneusement de cultiver la seconde. Un seul journal populaire a fait exception, persistant à aller droit son chemin habituel, le chemin de la vérité et de la justice ; j'ai nommé l'*Emancipation* (1).

Soudain paraît la circulaire du Garde des Sceaux et, comme par miracle, sur toute la ligne, les langues se délient. Les journaux les plus sérieux de Paris et de la province saisissent l'occasion pour dire ce qu'ils avaient depuis longtemps sur le cœur ; les intéressés se fâchent, les indifférents s'amusent, mais tous, à leur manière, s'occupent de la question.

Depuis la fin d'août, plus de 70 articles pour ou contre la liberté pornographique, m'ont passé sous les yeux. De Saint-Brieuc jusqu'à Saint-Girons dans l'Ariège, de La Roche-sur-Yon en Vendée, jusqu'à Nancy, de Cannes jusqu'à Bergerac, le sujet a été traité à tous les points de vue et sur tous les tons. La lecture de tous ces journaux, si attristante et si fastidieuse qu'elle soit bien souvent, offre un grand intérêt. Elle permet d'établir le diagnostic moral de toute cette portion de notre peuple qui a enlevé sa confiance au prêtre pour la donner au journaliste, et charge celui-ci de penser à sa place.

---

(1) Ce que je dis là ne s'applique naturellement qu'à la presse politique et sociale. Je serais toutefois ingrat, si je ne mentionnais la quasi unanimité de la presse protestante à soutenir la Ligue. Un journal protestant, à vrai dire, qui craindrait de protester contre le vice, serait un contre sens.

Quant à l'*Emancipation*, personne ne peut nier l'influence moralisatrice qu'elle exerce sur les milieux populaires. Quand bien même on combattrait ses doctrines économiques, on devrait reconnaître l'œuvre bienfaisante qu'elle accomplit, en insistant, à tout propos, sur les conditions morales du progrès social. Elle est en France, qu'on ne l'oublie pas, un des seuls journaux lus par les ouvriers et qui leur tiennent ce langage viril. Il me semble qu'à ce titre elle a droit aux sympathies les plus efficaces. On me reprochera peut-être de prêcher pour ma paroisse. Hélas ma santé me permet si peu d'en être de cette excellente paroisse, que j'ai vraiment le droit de laisser supposer une partie du bien que j'en pense.

Le Rapport que je prépare pour la Ligue contiendra à cet égard quelques détails intéressants. Aujourd'hui, je n'ai pas le temps de m'y arrêter. Qu'il me suffise de dire le double avantage obtenu : d'un côté, l'insupportable et déshonorant silence a pris fin ; la presse honnête a parlé, elle continuera à le faire ; et comme il existe une étroite relation entre l'attitude de la presse et celle de l'opinion publique, tout porte à croire que le mouvement de réprobation ne cessera de se développer. A nous du reste d'y veiller. Il s'agit pour cela que nous apprenions à utiliser le second avantage qui découle du premier. L'œuvre de la Ligue a désormais acquis droit de cité dans la presse politique. Bon nombre de journaux, à la porte desquels nous eussions heurté en vain jadis, ne demanderont désormais pas mieux que d'accueillir nos communications.

Dans le journalisme, il y a les questions dont on s'occupe, et celles qu'on ignore. La Ligue après avoir longtemps figuré au nombre des dernières, vient enfin de franchir l'étroit défilé ; elle dispose de la publicité et compte largement en user. Nous nous préparons à dresser la liste de tous les journaux auxquels nous pourrons nous adresser ; nous comptons faire appel à tous ceux de nos membres qui savent manier la plume. nous engageant à notre tour à leur fournir les indications et les extraits de journaux qui peuvent faciliter leur besogne.

Voilà quelques résultats qui ne sont pas à dédaigner. Il y en a d'autres que j'aurai le loisir d'exposer ailleurs, me bornant ici à indiquer rapidement les plus importants.

L'enquête suit son cours. Elle nous a déjà procuré bien des renseignements utiles ; quelques-uns d'une grande importance. Nous serons, par exemple, bientôt en état de dresser la carte de l'épidémie pornographique ; de déterminer les régions contaminées et celles qui ne le sont pas, de noter enfin les causes de certains contrastes aussi surprenants qu'imprévus.

Notre travail serait plus avancé si tous nos corres-

pondants avaient déjà pris la peine de nous répondre.
Plusieurs pensent sans doute que le mal n'existant pas
chez eux, il est inutile de nous renvoyer un questionnaire
en blanc. Grave erreur ! il nous importe au contraire
extrêmement de savoir au juste quelles sont les contrées
indemnes et les circonstances auxquelles attribuer cet
état de choses. Je prie donc les membres de l'Association
qui ne m'ont pas encore écrit, de bien vouloir le faire.
Souvent un renseignement, insignifiant pour celui qui le
donne, acquiert une grande valeur aux yeux de celui qui
le reçoit, parce qu'il aide à compléter tel autre déjà
obtenu.

Du reste je ne puis m'empêcher d'être un peu étonné
de l'insouciance de bon nombre de nos amis. A force de
s'emprisonner dans l'étroit horizon de leur localité, ils
perdent de vue à quel point les intérêts locaux sont
solidaires de l'intérêt général.

— Le mal dont nous parlons, vous est inconnu, dites-
vous. Je m'en réjouis avec vous, mais de grâce ne vous
endormez pas.

Tenez, vous venez précisément d'inaugurer votre
ligne de chemin de fer. Le fracas des fanfares et des
discours officiels et des compliments obligatoires résonne
encore dans vos oreilles. Vous vous félicitez avec vos
concitoyens parce qu'une ère nouvelle de prospérité
s'ouvre pour votre contrée.

Matérielle ? — Sans aucun doute.

Morale ? — C'est autre chose. Oh ! cela dépend en
grande partie de vous, mais si vous n'y mettez vigoureu-
sement la main, ce peut être un désastre.

Avez-vous remarqué le fourgon qui suivait la locomo
tive dont les appels stridents éveillaient en sursaut les
échos de votre vallée ? Caché dans un coin de ce fourgon
La Lanterne a fait son entrée chez vous. Elle ne manque
en effet aucune occasion d'agrandir le champ de ce
qu'elle appelle son œuvre émancipatrice.

Si vous ne prenez vos précautions et que vous la lais-
siez doucement, tranquillement s'installer, tout le reste

suivra, et la pourriture gagnera les âmes chez vous, comme elle l'a fait ailleurs.

La question, vous le voyez, vous concerne directement. Que les habitants des pays encore indemnes ne se préoccupent pas pour l'instant, des questions de répression légale, ni de l'œuvre de la Ligue, à la rigueur je le conçois ; mais qu'ils ne s'empressent pas de prendre toutes les mesures préventives qui sont en leur pouvoir, vraiment cela me dépasse.

C'est précisément dans les contrées où le mal ne sévit pas encore, que les œuvres préventives ont toute leur raison d'être et possèdent toute leur efficacité. Une fois qu'une localité est atteinte, les influences moralisatrices sont beaucoup plus lentes à prévaloir.

Chacun sait, au reste, que pour réprimer le mal — quelle que soit la forme qu'il revête — il faut toujours cent fois plus de peine que pour le prévenir.

Autre résultat intéressant : la production pornographique semble tout entière concentrée à Paris (je parle bien entendu de la France seulement). Les entreprises tentées en province avortent ou demeurent sans influence notable.

On peut même aller plus loin et affirmer que trois des journaux de Paris se partagent le monopole de l'exploitation. Qu'on frappe à coups répétés et de fortes amendes le *Gil Blas*, l'*Echo de Paris*, qu'on sévisse enfin et surtout, sans ménagement aucun, contre l'immonde *Supplément de la Lanterne*, devenu le courtier d'industries innomables, et l'on verra disparaître comme par enchantement les misérables feuilles à scandales, qui éclosent chaque jour comme autant de champignons vénéneux, et que le moindre accident détruit.

Jusqu'ici, quand il plaît à la police de faire un peu de zèle, c'est sur ce menu fretin qu'elle frappe ou fait semblant de frapper. Peine perdue ! Pour une feuille qu'on saisit, il y en a dix autres qui surgissent. Mais il est certain que tout rentrera dans l'ordre le jour où l'on se

décidera à sévir contre trois ou quatre proxénètes littéraires en vue, qui se vantent pour l'heure des faveurs
officielles dont ils sont l'objet.

Il me semble que le fait valait la peine d'être nettement constaté (1).

Le Rapport auquel je suis forcé de renvoyer encore
une fois mes lecteurs, racontera les progrès accomplis
cette année par la Ligue. On y verra qu'elle a réussi à
prendre pied dans une trentaine de départements et s'y
est assuré le concours dévoué d'électeurs influents qui ne
lui marchandent pas leur appui auprès des membres du
Parlement.

Au Sénat, notre cause compte des défenseurs nombreux et convaincus ; à la Chambre, nous avons des amis
auxquels nous pouvons confier le soin de nous défendre.

Nous envisageons donc sans crainte l'éventualité
d'une lutte au Parlement, soit que nous soyons attaqués,
soit que nous nous décidions, ce qui est beaucoup plus
probable, à prendre l'offensive.

(1) Un journal protestant préconisait l'autre jour « la formation
« d'une ligue puissante qui travaillerait, non pas à donner des listes
« de livres ou d'auteurs infâmes, mais à recruter des adhérents
« nombreux et à les discipliner pour la lutte. On s'interdirait tout achat
« dans les kiosques... qui exposent des gravures malséantes..... On
« s'efforcerait de fonder de bonnes bibliothèques..... »
Ces quelques lignes contiennent un conseil excellent doublé d'une
insinuation regrettable. J'applaudis des deux mains au conseil ; je
proteste contre l'insinuation, car évidemment c'est à nous qu'on en a.
L'auteur de l'article aurait mieux fait de nous lire ou si cette lecture
lui répugnait, de ne pas parler de nous. Dans notre brochure nous
répétons sur tous les tons que nous ne nous occupons *ni des livres,
ni des auteurs*, et nous insistons auprès de nos correspondants pour
qu'ils ne perdent pas leur temps à nous envoyer des *titres de livres*.
Notre seul objectif, nous ne nous lassons pas d'y revenir, c'est la
protection de nos enfants ; la seule question par conséquent
qu'il nous importe d'examiner c'est celle de la publicité des feuilles
pornographiques. Nous tenons à connaître les localités envahies et les
circonstances dans lesquelles s'effectue la diffusion de ces écrits. La
Ligue n'est en somme qu'une réunion de pères et de mères de famille
qui se préoccupent des lectures qui peuvent tomber entre les mains de

Je voudrais en rester là ; je ne le puis. Je ne puis passer sous silence la question la plus douloureuse et la plus délicate en présence de laquelle nous a constamment placés notre enquête ; mais comme j'ignore, au moment où j'écris, les décisions que va prendre le Comité central, je suis tenu à une grande réserve. J'ai déjà dit combien l'attitude de la magistrature rend difficile en France la lutte contre la pornographie. Il y a là, sans contredit, un second scandale qui se greffe sur le premier et le dépasse en étendue et en gravité.

Dieu me garde de me livrer à des accusations téméraires, j'estime tout au contraire que s'il a jamais importé de faire soigneusement la part des responsabilités, c'est bien dans une affaire aussi complexe que celle-ci.

J'ai de bonnes raisons de croire à la complète sincérité du Garde des Sceaux. Certains ministres disparus et oubliés ont pu se moquer de nous jadis; si M. Fallières a écrit sa circulaire, c'est qu'il entendait, j'en suis convaincu, faire appliquer la loi. Et pourtant il n'a donné qu'un nouveau coup d'épée dans l'eau ou... dans la boue.

Le *Temps*, dont nul ne songe à mettre en doute la modération, constatait, le 28 septembre, l'inanité des résultats obtenus : « La circulaire, dit-il, qu'avait inspirée

leurs enfants, comme tous les parents un peu sérieux s'efforcent de le faire. De là à une association qui prend à tâche « de donner des listes de livres ou d'auteurs infâmes » on avouera qu'il y a un peu loin.

De fait nos intentions devaient être bien aisées à comprendre, car aucun de nos correspondants ne s'y est trompé ; aucun, autant que je me souvienne, n'a songé à nous envoyer un seul titre de livre. Quant à notre liste de journaux elle tient dans une demi-ligne ; trois noms, indiqués plus haut, nous ont appris tout ce qu'il nous était nécessaire de savoir.

Si nous avons demandé à nos collaborateurs les titres des feuilles obscènes qu'on distribuait dans leur localité, c'était tout simplement pour mesurer la grandeur du mal, et aussi pour prévenir toute erreur. Nous craignions qu'on ne prît comme pornographiques certains feuilletons qui ne le sont pas mais contiennent beaucoup d'inepties : et qu'on n'accusât la présence de l'épidémie là où elle ne régnait pas.

« à M. le Garde des Sceaux le débordement des publica-
« tions pornographiques est restée parfaitement ineffi-
« cace. Quelques journalistes s'en sont émus : les magis-
« trats, point. Etait-ce bien à eux qu'elle s'adressait ?
» La conséquence de cette inertie a été de redoubler
« l'audace de l'industrie qu'on voulait réprimer... »

A qui nous en prendre ? Aux Procureurs de la
République et à leurs substituts ? Ce serait complètement
injuste. Lorsque ces magistrats sont énergiques, ils
peuvent par des menaces effrayer jusqu'à un certain point
les marchands de journaux, mais dès qu'ils veulent aller
plus loin et intenter des poursuites, ils doivent en référer
au Procureur général. Les Procureurs généraux ont pris
l'habitude de s'opposer à toute poursuite, en alléguant les
nécessités de la politique

Et c'est ainsi que la France assiste en 1891 à ce
spectacle inouï qui s'appelle la grève du Ministère public !

De temps en temps, pour satisfaire l'opinion, on fait
mine de poursuivre à Paris ; en province, on a même
renoncé à ce simulacre. Du reste, lorsque par hasard le
Ministère public s'avise d'agir, ce sont les juges qui
interviennent et qui trouvent spirituel ou simplement
prudent, pour des raisons sur lesquelles je préfère ne pas
insister, de prononcer des condamnations qui n'en sont
pas.

Qu'on ne m'accuse pas d'exagération, qu'on lise plutôt

Qu'on excuse la longueur de ces remarques. Il suffit parfois de
deux mots sans malveillance intentionnelle pour créer une légende.
— « La Ligue ! Ah oui, celle dont parlait l'autre jour le journal et qui
impose, paraît-il, à ses membres l'obligation d'aller fureter dans les
coins et les recoins des librairies équivoques, afin de dresser « une
liste de livres et d'auteurs infâmes ». — Eh bien je l'avoue, cette
légende me déplait et je ferai tout pour empêcher qu'elle se développe.

Avant de travestir ainsi nos intentions, on devrait pourtant se
douter de l'indicible dégoût avec lequel nous descendons dans cette
fange ; et l'on pourrait se dire que si l'on acquiert quelque part
l'horreur des choses malsaines et l'amour des entreprises purifiantes
et intelligentes, c'est bien là !

le fait-divers qui a fait, à la fin de Mai, le tour de la presse, et que je cite au bas de la page (1).

Observons cette peine dérisoire et qu'on se gardera même d'appliquer « à raison des bons antécédents des prévenus ! » les bons antécédents des pornographes de profession !

Certes, l'homme de bien qui a donné son nom à une des plus belles réformes juridiques de notre époque et qui est, en même temps, un des adversaires les plus énergiques de la pornographie, ne se doutait pas de l'usage auquel certains juges feraient servir la loi Bérenger !

Tant il est vrai que les lois les plus excellentes ne valent rien, lorsqu'elles sont appliquées par des magistrats sans caractère.

On conviendra que la situation que je viens de décrire est grave, et qu'elle deviendrait même très grave, si un mouvement décisif de l'opinion publique n'y portait remède.

Si les magistrats continuaient à manifester par leurs actes le dédain qu'ils ont de la loi, ce serait à courte échéance le triomphe de l'anarchie. Et je ne vois vraiment que les anarchistes qui aient le droit de se réjouir du désordre actuel.

A la suite de l'éloquent discours prononcé au Sénat par notre cher et vaillant chef de file M. Edmond de Pressensé, son collègue M. Bérenger adressa au Garde des Sceaux quelques paroles que j'aime à rappeler :

(1) « La neuvième Chambre correctionnelle a statué aujourd'hui sur les poursuites pour outrages aux bonnes mœurs exercées par le parquet contre les auteurs responsables des affiches considérées comme obscènes. Ces affiches étaient au nombre de quatre : l'annonce du *Journal Fin de Siècle*, l'*Amaranthe Bitter*, *Ilka de Miunn* ; enfin une scène du ballet des Folies-Bergères, le *Roi s'ennuie*. Le tribunal, présidé par M. Toutée, a condamné tous les prévenus poursuivis, ceux qui avaient commandé les affiches et les afficheurs, patron, dessinateur, imprimeur, courtier de publicité, à des amendes variant entre 300 fr. et 25 fr. Les plus fortes amendes ont été prononcées contre ceux pour le compte desquels étaient faites ces affiches. Le jugement, à raison des bons antécédents des prévenus, leur a accordé à tous le bénéfice de la loi Bérenger ».

« On peut être assuré, a-t-il dit, que la ligue des
« honnêtes gens ne s'arrêtera pas dans ses protestations
« avant d'avoir obtenu satisfaction, et s'il se produisait
« encore des ordonnances de non-lieu pour renvoyer
« indemnes les gens que vous savez, qu'on y prenne
« garde, l'opinion se passionnera dans son indignation et
« elle fera bien. »

Je demande aux membres de l'Association, à tous les
honnêtes gens qui ne séparent pas le progrès de l'ordre
social, je demande à tous les éducateurs et à tous les
parents, si le moment n'est pas venu d'obéir au mot
d'ordre de l'éminent sénateur.

« Passionnons-nous dans notre indignation » jusqu'à
ce que nous ayons achevé l'œuvre de salut.

C'est pour apporter mon faible concours à l'effort
commun que je prends la liberté de soumettre aux
délibérations du Congrès les vœux qui suivent.

T. FALLOT.

_____

Post-Scriptum. — Les lignes qui précèdent étaient
déjà imprimées lorsque des renseignements qui m'arri-
vent de Bordeaux me font croire que le Parquet se
dispose à sévir contre la *Lanterne*. S'il le fait, les
honnêtes gens de tous les partis seront unanimes à le
féliciter de sa courageuse initiative.

Qu'on me permette enfin de transcrire les lignes
suivantes que je trouve dans le *Temps* du 18 octobre :

Académie des sciences morales et politiques.

. . . .

« M. Frédéric Passy lit un mémoire sur la question
« des publications pornographiques ; il estime qu'après
« avoir occupé l'opinion cette question a été abandonnée
« trop tôt.

« Elle a une importance capitale au point de vue de
« l'ordre public et de l'éducation.

« De tout temps, il y a eu des esprits licencieux dont
« les œuvres ont été éditées ; mais elles n'avaient alors
« d'autres lecteurs que les gens qui les recherchaient,
« tandis que, depuis quelque temps, les. kiosques, les
« bibliothèques des gares et les crieurs publics en facili-
« tent la propagation parmi le public.

« Cette tolérance a une funeste influence sur les
« mœurs. Elle affecte la population dans son nombre
« comme dans sa qualité. »

Après son discours à la Société d'Economie politique
(séance du 5 septembre) et son admirable lettre aux
Débats du 16 septembre). M. Frédéric Passy, avec l'énergie qui le caractérise, n'a pas hésité à porter la question
à l'Institut. Qu'il nous permette de lui exprimer notre
respectueuse reconnaissance pour les services inappré-
ciables qu'il rend à la cause que nous défendons

VŒUX

SOUMIS A LA DISCUSSION ET AU VOTE DU CONGRÈS [1]

———

I. Le groupement de tous les bons citoyens est indispensable. Il est à souhaiter que tous les protestants français s'affilient à la Ligue pour le Relèvement de la Moralité publique, en acceptant loyalement les conditions de neutralité confessionnelle et religieuse sans lesquelles l'activité en commun serait impossible.

Les protestants applaudissent, en général, aux efforts de la Ligue, mais bien peu en font partie et songent à la soutenir de leurs dons. Au risque d'être accusé de manquer de tact, je suis bien forcé de mettre les points sur les i. Nous recevons sans cesse des paroles d'encouragement et des félicitations pour l'œuvre que nous avons entreprise. Ces marques de sympathie nous font du bien, mais elles sont décidément insuffisantes. Pour faire la guerre il faut de l'argent. On oublie en général de nous en donner. Négligence et laisser-aller chez la plupart; chez quelques-uns, question de principe. Ceux-ci reprochent à la Ligue la rigueur avec laquelle elle maintient la neutralité confessionnelle et religieuse, et accusent les disciples de Jésus-Christ qui en font partie de mettre leur drapeau dans leur poche.

Il y a là un malentendu.

Si la Ligue voulait fonder un enseignement de morale laïque, ces objections seraient légitimes : mais il n'en est

---

(1) Les vœux que je soumets à la discussion du Congrès sont imprimés en gros caractères. Les vœux imprimés en italiques sont simplement indiqués à titre de suggestion.

rien. Son œuvre est une œuvre de moralité publique, c'est-à-dire de moralisation par l'action légale.

Se cantonnant exclusivement sur le terrain de l'action légale la Ligue se borne à demander, dans certaines circonstances l'abrogation de lois démoralisatrices, dans d'autres la promulgation de lois plus justes, dans d'autres enfin la simple application de la législation existante.

Pour exercer une pression durable sur les pouvoirs publics, il faut commencer par agir sur la masse des électeurs, sur cette élite tout au moins que suivent volontiers les foules. Les citoyens qui la composent appartiennent aux écoles philosophiques et religieuses les plus opposées.

Comment les convaincre si on s'avise d'insister sur les doctrines qui divisent? Le simple bon sens n'indique-t-il pas qu'il faut au contraire ne faire usage que d'arguments tirés de ce fond de convictions généreuses, commun à tous les cœurs français?

En procédant autrement, nous nous aliénerions de gaîté de cœur la sympathie de nos meilleurs alliés et fournirions à nos adversaires une excellente occasion de mettre en doute la sincérité de nos intentions. « Ils prétextent l'intérêt public, ne manqueraient-ils pas d'affirmer, mais ne poursuivent qu'un intérêt de parti ».

Si on blâme les chrétiens qui, fidèles à la méthode de neutralité, défendent en public le programme de la Ligue, sans parler de leurs convictions religieuses, pourquoi ne pas être logique jusqu'au bout en adressant les mêmes reproches au filateur chrétien qui trouve naturel de se syndiquer avec des confrères athées, et de discourir longuement sur les droits d'entrée sans faire jamais la moindre allusion à sa foi?

On me dira peut-être que c'est tout autre chose, et qu'il n'y a là qu'une coalition d'intérêts en vue de modifier certaines lois. Et dans notre cas, de quoi s'agit-il également, sinon d'une coalition des consciences effectuée, elle aussi, pour rendre la loi plus juste et plus efficace?

Serait-il par hasard permis au croyant de se servir de

son bon sens lorsque ses intérêts personnels sont en jeu, quitte à endosser la camisole de force d'une profession de foi hors de saison, lorsque l'intérêt général réclame son dévouement ?

Je souhaite toutefois qu'on ne se méprenne pas sur la portée de mes observations.

Pour faire partie de la Ligue, nous ne cessons certes pas d'être les disciples du Christ. Bien au contraire. Moins nous parlons de Dieu et plus notre conduite doit être pénétrée de son esprit. Il y a une confession par les actes souvent plus persuasive que beaucoup de paroles. « Faites luire vos bonnes œuvres devant les hommes », a dit Jésus.

Quel serait au reste le chrétien assez insensé pour s'engager sans Dieu dans la lutte qui nous appelle ?

Nos adversaires ont tout pour eux : l'argent, le vertige de corruption dont est saisie notre génération, la lâcheté des honnêtes gens, la duplicité des pouvoirs publics.

Pour affronter toutes les puissances du mal déchaînées contre nous, qui sommes-nous et que pouvons-nous ? Rien, absolument rien, si Dieu ne s'en mêle ! La foi seule légitime notre entreprise et la rend raisonnable.

II. Tout en recommandant aux membres de nos Eglises de coopérer à l'action systématique de la Ligue, il importe de leur rappeler que l'esprit d'initiative reste la vertu sociale par excellence des croyants et des citoyens.

L'œuvre de la Ligue ne dispense personne d'accomplir tous les efforts isolés indiqués par les circonstances.

Il est utile de citer à titre d'encouragement les pères de famille de Lyon dont la virile déclaration a fait le tour de la presse et contribué au réveil de l'opinion ; il est bon aussi de rappeler le zèle d'un petit groupe d'habitants de Valence qui ont réuni en quelques jours, 1,300 signatures au bas d'une pétition aux pouvoirs publics.

La lettre adressée, au mois de Juin dernier, aux ministres de l'Intérieur et de la Justice par l'Associa-

tion fraternelle des pasteurs libéraux, les votes émis par le Synode provincial de Saint-Quentin, au mois de Juillet, et par le Synode des Eglises libres récemment réuni à Vabre, les exhortations pleines de courage et de tact adressées aux fidèles du haut d'un grand nombre de chaires, sont autant d'exemples à suivre et montrent le rôle considérable qui incombe, dans cette sainte croisade, aux membres du Corps pastoral.

Lorsqu'il s'agit de réveiller les consciences, la contagion de l'exemple fait plus que tout le reste.

Un homme qui agit vaut mieux que les plus belles organisations.

C'est l'initiative de quelques personnes qui a déterminé le mouvement de protestations dont nous sommes témoins. Deux de nos plus dévoués coreligionnaires, Monsieur et Madame Perrégaux de Jailleu firent, il y a une huitaine d'années, une première tentative. Ils avaient compris la gravité du péril : la masse des honnêtes gens resta indifférente.

En 1887, M. de Pressensé prit la cause en mains et la servit avec cette passion du bien qui opère les miracles.

L'opinion fut remuée ; nous savons tous le succès obtenu par le pétitionnement, succès éphémère néanmoins parce que l'homme qui avait déjà tant fait et se préparait à de nouveaux efforts, succomba aux fatigues de la lutte.

Il est bon que personne ne l'oublie. Si ce champion de tant de causes généreuses est tombé avant l'heure, c'est pour s'être dépensé sans réserve dans un ouvrage qui répugnait aux plus courageux.

Jeune encore, la Ligue a déjà son martyr.

La souffrance du juste n'est pas restée stérile. Nous sommes plusieurs qui lui avons promis de continuer l'œuvre qu'avait conçue son grand cœur. Notre nombre est pour le moment peu considérable, mais en constatant tout ce qu'un seul homme a pu faire, nous nous persuadons que nos efforts ne seront pas vains. Nous avons la conviction — et nous aimerions la communiquer à tous nos frères — que l'initiative individuelle, lorsqu'elle se retrempe en Dieu et n'a d'autre fin que le bien des hommes, devient la plus irrésistible de toutes les forces motrices qui agissent ici-bas.

III. Deux sortes de mesures s'imposent : les mesures repressives et les mesures préventives.

MESURES RÉPRESSIVES

IV. Les mesures répressives varient avec les localités et les circonstances mais à côté du but prochain qu'elles visent, elles doivent toujours être combinées de manière à agir sur l'opinion.
L'agitation sans trève ni repos, l'agitation par tous les moyens honnêtes : telle doit être notre devise.

Dans une lettre adressée à un membre de la Ligue par un fonctionnaire important je lis ce qui suit :
« Vous avez bien raison de ne pas compter sur les
« hommes en place : Ministres, députés, procureurs géné-
« raux. Les uns et les autres n'agiront que si l'opinion
« publique les y pousse, les y contraint. Les meilleurs —
« ceux qui gémissent le plus du scandale actuel — ont
« peur du qu'en dira-t-on et redoutent les attaques de la
« presse... »

V. Action sur les marchands de journaux.
A l'exemple des pères de famille de Lyon, les bons citoyens doivent s'entendre pour frapper d'interdit les marchands de journaux qui persisteraient à mettre en évidence des journaux et des illustrations obscènes.

Je dis *mettre en évidence*, je ne dis pas *rendre*, et à cet égard je ne vais pas aussi loin que les pères de famille dont j'ai vanté l'initiative.

Il importe, quand on veut faire œuvre de salubrité publique, de ne demander que le possible et de ne pas faire des hypocrites. En outre, il ne convient pas de s'acharner contre les plus humbles complices tandis que les vrais coupables demeurent à l'abri.

Il est bien difficile à un marchand de journaux de trier les feuilles qu'on lui envoie ; il lui est par contre très facile de vendre en cachette les journaux prohibés par les honnêtes gens et réclamés par les autres Tous promettront ce qu'on voudra si on les harcelle, mais beaucoup ne tiendront pas leur promesse. Un des membres les plus actifs de la Ligue me raconte le fait suivant :

« Parmi les vendeurs de journaux qui se trouvent à
« X je connais une brave femme. L'ayant rencontrée
« dans la rue, je lui demandai si les mauvais journaux se
« vendent à X. Elle m'a répondu que oui. — « Mais j'es-
« père que vous ne les vendez pas, vous ? » — « J'ai
« voulu essayer : mon mari me disait qu'il ne voulait pas
« que je vende ces *saletés*. A partir de ce jour, je ne
« vendais plus rien. Ceux qui m'achetaient les journaux
« honnêtes cessaient de le faire, parce que je ne tenais
« plus les autres : — Mais vous ne les criez pas ? —
« Non, je ne les crie ni ne les offre, mais je suis obligée de
« les avoir sous peine de renoncer à mon petit com-
« merce ».

Et c'est là un minimum que nous pouvons et devons exiger des marchands de journaux. Il faut qu'ils renoncent à exposer les illustrations et les récits scandaleux.

Il y a des milliers d'enfants qui n'ont jamais l'idée d'acheter un journal mais qui ne manquent pas de regarder les ignominies affichées aux kiosques.

Le premier marchand de journaux de France est la maison Hachette ; elle possède le monopole de la vente dans tous les kiosques, sur toutes les lignes de chemins de fer.

Les femmes honnêtes n'ont plus le courage de s'approcher des bibliothèques de chemin de fer, tellement celles-ci sont encombrées d'ordures étalées de façon à

frapper le regard. Il serait bon de rappeler la maison
Hachette au sentiment des convenances et, si elle fait la
sourde oreille, de demander aux compagnies de chemins
de fer d'assurer aux voyageurs le respect qui leur est dû.

On affirme que la Compagnie P.-L.-M. interdit les
journaux pornographiques sur la portion suisse de son
réseau. Les voyageurs français mériteraient-ils moins
d'égards que leurs voisins de Genève ?

VI. Action sur les parquets.

**Le Ministère public semble frappé de paralysie
générale : la désinvolture inouïe avec laquelle il traite
la loi, est un encouragement tacite donné aux pires
tentatives révolutionnaires. En présence de cette
abdication des pouvoirs publics et de la dissolution de
l'ordre social qu'elle présage, les bons citoyens ne doivent plus compter que sur leur propre énergie. Il faut
que par leur attitude résolue, leurs plaintes incessantes
et leurs protestations énergiques, ils arrachent le Parquet et la Magistrature à leur torpeur et leur rendent
le sentiment de leur responsabilité.**

Voici ce que m'écrit un homme éminent. bien connu
pour sa grande modération, universellement respecté, et
que de hautes fonctions mettent depuis de longues années
en rapports continuels avec la Magistrature :

« Le mouvement inespéré contre ces ignobles publi-
« cations dépassent mes espérances. Ce qu'il faut craindre,
« c'est qu'après la circulaire et quelques poursuites les
« parquets ne retombent dans leur inertie. — Il faut que
« le mouvement d'opinion s'accentue et persévère. Tout
« ce que vous faites est excellent, mais ce qui vaudra
« mieux que tout, ce sont les plaintes incessantes, renou-
« velées avec pièces à l'appui des pères de famille aux
« procureurs de la République. Ils ne poursuivent pas
« parce que leur sens moral n'est pas assez développé,
« parce qu'il craignent d'être désavoués par la Chancel-
« lerie. Ils n'agissent que quand ils sont contraints et

« forcés ; il faut donc des plaintes journalières sur tous
« les points du territoire, et surtout ne pas se lasser
« d'apporter les documents concluants ; il faudrait en inon-
« der les Parquets et le Ministère. Ceux qui vivent de ces
« productions immondes, comptent sur la lassitude et, il
« faut bien le dire, ils comptent aussi sur la complicité... »

A côté de l'action directe sur les Parquets, il y a l'action
indirecte par l'intermédiaire de certains corps constitués,
des Conseils municipaux par exemple.

Un procureur de la République y regardera à deux fois
avant de jeter au panier la plainte du magistrat municipal,
et s'il le faisait, le Maire, se sentant soutenu par son
conseil, parlerait haut et ferme de façon à être entendu.

Il est donc essentiel d'obtenir le concours d'un certain
nombre de conseillers qui ne craignent pas d'interpeller
l'administration municipale en temps et hors de temps.
Celle-ci possède en outre des moyens efficaces pour
décourager et paralyser les marchands d'immondices :
Police municipale, concession des kiosques etc... Il faut
la mettre en demeure d'user avec énergie et persévérance
des armes dont elle dispose.

VII. Action sur les membres du Parlement.
**Le pouvoir exécutif est encouragé dans son inertie
par l'indifférence du législateur.**

**Il faut que dans chaque département, les électeurs
qui ont souci de l'honnêteté publique fassent comprendre à leurs sénateurs et à leurs députés que l'état de
choses actuel ne saurait durer sans danger pour la
République et pour la Patrie.**

Le jour où se constituera dans les Chambres une
majorité résolue à faire œuvre de salubrité coûte que
coûte, tout changera : à l'anarchie dans l'administration
de la justice, succèdera le respect de la loi et les procureurs généraux ne souriront plus de dédain lorsqu'ils
recevront une circulaire du Garde des Sceaux.

C'est au Parlement que se trouve la clef de la situation : trois cents députés à convaincre d'un côté, deux cents sénateurs de l'autre, et le scandale aura un terme. Cette conquête des membres du Parlement dépend du zèle des électeurs, ou, pour parler plus exactement, de quelques électeurs.

Il y a dans chaque canton un certain nombre d'électeurs influents dont nos hommes politiques prennent volontiers l'avis. C'est avec ces électeurs qu'il faut entrer en relation pour les gagner à notre manière de voir. Ceux-ci convaincus, le reste ira tout seul.

Sénateurs et députés sont très sensibles, pour la plupart, à l'argument électoral. La crainte de l'électeur est pour beaucoup d'entre eux le commencement de la sagesse. Une simple lettre signée par quelques-uns de leurs électeurs suffit souvent pour les faire réfléchir et voter autrement qu'ils n'en avaient l'intention.

Lorsque les honnêtes gens sauront mieux se servir des moyens que le suffrage universel met à leur disposition, ils remporteront des victoires dont ils n'ont actuellement aucune idée. Souvenons-nous, en attendant, que Dieu nous demandera compte de l'usage que nous aurons fait de notre part d'influence politique, aussi bien que de tout le reste.

VIII. **Action sur les candidats pendant la période électorale. Elle doit être recommandée à un double point de vue : à cause des promesses positives qu'on peut obtenir du candidat et à cause des vastes auditoires auxquels on peut s'adresser.**

Un de nos pasteurs les plus énergiques m'écrit :
« En tout cas, j'ai déjà une précieuse promesse d'un des
« chefs des comités électoraux républicains : c'est qu'aux
« prochaines élections, il fera son possible — et il est
« très influent — pour que le programme imposé aux
« candidats comprenne la répression sévère de la porno-
« graphie. Je vous signale ce moyen d'action qui pour-
« rait devenir très efficace. Les candidats sont, en géné-

« ral, disposés à promettre tout ce qu'un groupe un peu
« nombreux leur demande. Que tous les pasteurs fassent
« une déclaration collective, trois mois avant les élec-
« tions générales, pour dire qu'entre plusieurs candidats
« ils soutiendront de préférence celui ou ceux qui au-
« ront pris des engagements positifs contre la presse
« licencieuse, et cela donnera à réfléchir. Que d'autres
« catégories de citoyens et d'électeurs en fassent autant
« et nous aurons ville gagnée... »

Le conseil est excellent. Je ne hasarderai qu'une
légère réserve. Il me semble plus sage que les pasteurs
ne se livrent à aucune manifestation en leur qualité de
pasteurs, mais agissent toujours de concert avec quelques
laïques. Evitons de près ou de loin toute démarche, si
légitime qu'elle soit, dont nos adversaires pourraient
profiter pour crier au cléricalisme.

Les élections de 1893 approchent. Ne nous laissons
pas surprendre.

IX. Action sur le public. Il faut agir sur le public par la conférence, par la presse, par la brochure et par l'affiche.

a) Conférences.

Inutile d'insister sur leur utilité. Mieux vaut toutefois
la qualité que la quantité.

L'ennui d'un côté, le manque de tact de l'autre, com-
promettent les meilleures causes. Il convient de n'em-
ployer que des conférenciers qui sachent se faire écouter
et qui n'ignorent pas comment se traitent les questions
les plus délicates.

Il ne s'agit pas seulement ici d'un sujet à développer,
mais d'une cause à servir. Le premier venu n'est pas
apte à le faire, car il faut que la dignité de la vie garan-
tisse la sincérité des convictions.

Les conférences les plus efficaces sont sans contredit
les *conférences spéciales* devant un auditoire strictement
délimité : conférences pour hommes seulement, ou pour

hommes et jeunes gens, d'autres fois pour pères et mères ou pour mères de famille uniquement.

Lorsque la nature de l'auditoire a été déterminée, on ne doit tolérer d'exception sous aucun prétexte et réclamer un contrôle sévère à la porte.

Ce que le conférencier pourrait dire sans aucun inconvénient, devant un auditoire composé exclusivement d'hommes, choquerait à bon droit l'assemblée, si quelques dames avaient réussi à y pénétrer ; et ce serait sur l'orateur et sur son œuvre que retomberait le blâme.

b) Journaux.

Il faut amener la presse politique à prendre nettement position. L'entreprise pouvait sembler chimérique, il y a quelques mois : grâces à Dieu, elle ne l'est plus aujourd'hui.

Nous sommes actuellement assurés de trouver dans toutes les régions du pays des journaux qui insèreront nos communications.

Ne négligeons pas cet excellent instrument d'agitation et de moralisation. Frappons à toutes les portes et sachons nous établir partout où on nous accueille. Articles de fond, lettres individuelles, protestations collectives, faits divers : ne dédaignons aucun moyen de publicité.

N'oublions pas que si l'agitation est le but, la publicité est le moyen. et que la publicité par la presse est de toutes la meilleure. Servons-nous donc, en toute occasion, de la presse, pour donner à chacune de nos démarches la plus vaste publicité possible.

Nous avons porté plainte au Parquet qui s'est moqué de nous : une note dans la presse. Une autre fois le Parquet, mieux inspiré, s'est décidé à agir : quelques lignes de félicitations dans la presse. Un groupe d'électeurs s'est adressé au député : que la presse en soit informée ; le député a tenu ce qu'il avait promis : des remerciements par la voie de la presse. — Une insupportable corvée, me dira-t-on peut-être. — Oui, sans doute, et fatigante à l'excès. Mais de quoi est faite, je vous prie, la plus humble éducation, sinon de soins répétés et fastidieux ? Si nous craignons la peine, ne nous mêlons pas de travailler à l'œuvre pédagogique la plus ardue qui existe, à l'éducation de l'opinion publique ; mais n'oublions pas que si nous nous dérobons à ce devoir, c'en est fait de la démocratie.

c) Brochures à bon marché et Feuilles volantes.

L'action par la brochure doit aller de pair avec celle de la presse. L'article de journal appelle l'attention sur le sujet ; la brochure peut le traiter sous toutes ses faces. Mais à celui qui sait dire beaucoup de choses en peu de mots, je conseille la feuille volante. Elle est la semence bénie que le vent de Dieu emporte et dépose dans les retraites inaccessibles à tout le reste.

Qui dira le bien accompli par les quelques lignes que Mme de Gasparin a fait jaillir des profondeurs de son âme. On a écrit de gros livres pour flétrir la règlementation de la débauche ? Je doute qu'ils aient ébranlé autant de consciences que ce simple feuillet.

d) Affiches.

Voici trop longtemps que la muraille suinte le vice. il faut qu'elle proclame la justice.

La Ligue a fait, à l'occasion des élections législatives de 1889, un essai qui a réussi au-delà de nos prévisions. L'affiche est à coup sûr un moyen qui s'userait vite et dont il faut se garder d'abuser ; énergiquement rédigée et judicieusement employée, elle peut aider à frapper quelque grand coup sur l'opinion.

X. Citation directe en police correctionnelle des vendeurs et distributeurs de publications pornographiques (auteurs du délit d'outrage aux mœurs prévu par la loi du 2 août 1882), par les pères de famille

aux enfants desquels ces publications auraient été remises (1).

Le père de famille, ayant le devoir d'éducation et de préservation morale de ses enfants, a le droit d'agir au nom de ceux-ci quand il est porté atteinte à leur pudeur et à leur moralité par des publications de ce genre. On pourrait même soutenir que, responsable de l'éducation de ses enfants, il peut se considérer en pareil cas, comme personnellement lésé, mais cela serait plus difficilement admis et cela est inutile. Il doit signaler le délit au ministère public et si le magistrat du parquet refuse ou néglige d'agir, il doit citer lui-même l'auteur de l'outrage aux mœurs en police correctionnelle. Là, devant le tribunal, il se portera partie civile et demandera des dommages intérêts, fut-ce un franc seulement. Le ministère public sera forcé de conclure sur la question d'application de la peine, qu'il soit d'avis de condamner ou d'absoudre le prévenu. S'en rapportera-t-il à la justice, ce qu'il peut faire à la rigueur, le tribunal prononcera sur la peine et sur les dommages intérêts.

Il y aurait un grand intérêt à faire consacrer le droit du père de famille, en choisissant les conditions les plus favorables dans lesquelles le délit serait certain, l'outrage aux mœurs de l'enfant évident et de nature à soulever la conscience des juges.

----

(1) Ce paragraphe a été rédigé à ma demande par un éminent jurisconsulte. La question est si importante que je crois devoir donner plus loin, comme pièce annexe, la lettre qu'il a eu l'extrême obligeance de m'écrire.

MESURES PRÉVENTIVES

XI. Les mesures répressives — tout urgentes qu'elles soient — sont absolument insuffisantes.

Leur succès reste précaire et peut sans cesse être remis en question.

Pour mettre la masse de notre peuple à l'abri de l'œuvre pornographique et ruiner définitivement l'influence de celle-ci, le recours aux mesures préventives s'impose.

L'accord peut s'établir aisément entre tous les bons citoyens sur les mesures répressives ; l'entente cesse fatalement lorsqu'il s'agit des mesures préventives; l'idée que chacun s'en fait, dépend de ses convictions les plus intimes.

Il est toutefois possible d'indiquer quelques œuvres qui doivent rallier les suffrages de nos diverses églises protestantes, et d'insister sur quelques points au sujet desquels il ne saurait y avoir entre nous aucune divergence.

XII. Bibliothèques populaires. Il importe de donner une extension considérable aux bibliothèques populaires et d'instituer dans chacune d'elles des conférences familières qui initient les ignorants aux bienfaits de la lecture.

Les nouvelles lois scolaires qui marquent une des étapes les plus importantes de notre histoire, ont transformé les conditions intellectuelles et morales de la vie nationale.

Un monde émerge de l'obscurité et réclame sa part de lumière. On lui a dit que le livre dissipe les ténèbres. Il se jette sur toutes les lectures qu'on lui offre, incapable de discerner entre l'œuvre de néant qui corrompt et qui hébète et le livre qui fait la clarté dans l'intelligence, élève l'âme à la contemplation du beau et fortifie la volonté au service du bien.

Une initiation est nécessaire. A ceux qui savent, d'aider ceux qui ignorent dans l'ascension vers la lumière.

Très grande à cet égard la responsabilité des jeunes gens de nos classes aisées. Ils sont les frères aînés appelés à exercer sur leurs frères sans connaissance et sans expérience le patronage moral et intellectuel qui hâtera leur émancipation.

A quoi bon savoir lire si on ne sait *que* lire et *comment* lire ? Dans chaque bibliothèque populaire doivent se donner des conférences ou plutôt des causeries, toutes familières, qui communiquent le goût des lectures saines et instructives et enseignent le choix des meilleurs livres et leur usage.

Il est essentiel que ces bibliothèques ne soient pas seulement ouvertes à tous mais qu'elles exercent leur attrait sur tous, par les satisfactions variées qu'elles offrent aux besoins de l'intelligence et de l'imagination.

Il est donc plus sage, lorsque cela est possible, de ne pas confondre la bibliothèque populaire avec la bibliothèque paroissiale ; cette dernière étant destinée à aider le pasteur dans tous les détails de son œuvre spirituelle, tandis qu'on n'attend de la première qu'une influence moralisatrice et que sa direction appartient, autant que possible, à des laïques.

Le peuple est le souverain de demain. Il importe de donner à l'héritier du pouvoir suprême une éducation royale qui développe dans son cœur des sentiments dignes de sa haute destinée. Qu'on débarrasse donc les bibliothèques qu'il fréquente de tous les ouvrages médiocres qui les encombrent. Qu'on cesse surtout de répéter : « Ce livre est bon pour le peuple ! » Le peuple ne devrait se nourrir que de chefs-d'œuvre. Quelques années de ce régime fortifiant rendraient à la démocratie les caractères héroïques dont elle a besoin et dont elle semble avoir perdu le secret.

XIII. Nous devons hâter de nos vœux et de nos efforts l'éclosion d'une presse politique hebdomadaire et quotidienne, bon marché, si possible illustrée, indépendante de toute église et de toute coterie, vraiment nationale et vraiment populaire.

Elle apporterait au foyer du travailleur le pain quotidien d'émotions généreuses, de renseignements utiles et de gaîté bienfaisante qui lui fait défaut.

Encourageons et soutenons, en attendant, les divers journaux et les revues qui, dans la sphère plus restreinte de notre protestantisme français, n'ont jamais cessé d'être les défenseurs convaincus de la moralité.

La bibliothèque et le livre ne suffisent pas ; il faut la visite quotidienne du journal dont on profite au milieu de ses occupations.

On ne supprime qu'en remplaçant. Le mauvais journal règnera jusqu'à ce que le bon journal paraisse et le détruise.

Ne négligeons pas non plus l'almanach. A la campagne son rôle est considérable.

Un de nos collègues m'écrit :

« Le paysan a toujours au moins deux religions, celle « de l'almanach et celle de l'argent. S'il a acheté de bons « almanachs avec son argent, il y a quelque chance pour « qu'il ne se laisse pas tenter par les publications mal-« saines. »

Le bon almanach doit donner au paysan beaucoup de renseignements et de conseils pratiques ; mêler prudemment aux règles consacrées par une longue expérience les avis de la science, inspirer l'amour intelligent de la terre et opposer les bienfaits de l'activité rurale aux amertumes de l'existence dans les villes.

Un almanach bien conçu fournirait une arme excellente contre la dépopulation des campagnes et contre les ordures que déversent sur elles les égouts littéraires des grandes villes.

Faisons de bons almanachs.

Mesures préventives gui concerne directement nos Eglises

XIV. *Le désordre pornographique est le symptôme d'un mal plus général.*

La société française se fait une idée très grossière de la moralité qui doit régir les relations entre les sexes. Nos Eglises, après avoir réagi virilement, ont fini par s'accommoder à des pratiques et des préjugés qui n'ont rien de commun avec l'enseignement de Jésus-Christ. Pour réformer notre peuple, il faut que nous commencions par nous réformer nous-mêmes et par retourner à la pureté de l'Evangile.

J'ai fait une longue campagne dans notre pays contre les institutions fangeuses qui, sous prétexte de réglementer la débauche, la légitiment. J'y ai connu bien des fatigues, mais les pires souffrances que j'ai endurées, je les ai rencontrées dans nos Eglises. J'ai, en mainte occasion, constaté à quel point les idées païennes qui règnent au dehors, nous ont envahi. Dans le domaine le plus intime et le plus important de la moralité, nous parlons et nous agissons comme si l'Evangile ne comptait pas. Les convictions religieuses ne jettent plus leurs racines dans la conscience et ne résistent pas à la moindre bourrasque.

La jeunesse est altérée de sincérité. En nous entendant protester du bout des lèvres et par acquit de conscience, elle se dit : Ils parlent ainsi mais ne le pensent pas.

La jeunesse a besoin d'un grand idéal. Elle se détourne avec colère d'une piété toute faite d'acquiescement au mal et de vertus passives.

Si nous avons à cœur d'enrayer la descente aux abimes, commençons par nous purifier nous-mêmes et par nous fortifier. Les fonctionnaires ont fait leur temps : on demande des hommes.

XV. *Au lieu d'ignorer de parti pris, dans l'enseignement de la jeunesse, les questions les plus trou-*

blantes qui assaillent chaque jeune homme à son entrée
dans la vie, donnons-leur la place à laquelle elles ont
droit.

Les hommes corrompus guettent le jeune homme
honnête au seuil même du sanctuaire pour lui enseigner
ce catéchisme officiel du vice qui a cours forcé dans notre
société françaises.

On lui prêche de mille manières la nécessité du vice ;
tout ce qu'il entend, tout ce qu'il lit, tout ce qu'il voit lui
démontre l'inanité de la résistance, et lorsque la chair
et le sang se mettent de la partie, ce ne sont pas nos
faibles et timides exhortations qui peuvent le sauver.

Il importe donc que nous changions de méthode.
A nous, de prendre l'aggressive, à nous, de mettre le
jeune homme en garde contre les sophismes meurtriers,
à nous, de lui faire toucher du doigt les ignominies de la
servitude à laquelle on voudrait le réduire.

Attardons-nous toutefois le moins possible à flageller
le mal. On peut nuire en insistant outre mesure aussi
bien qu'en se taisant tout à fait. Ne multiplions pas les
défenses, mais faisons abonder les encouragements.
Allons tout droit au précepte positif, à ce devoir de la
pureté héroïque, condition de toute virilité complète.
Donnons au jeune homme une haute idée de l'existence,
faisons battre son cœur au contact de grandes pensées et
de nobles ambitions, et, après avoir allumé chez lui la
flamme des saints enthousiasmes, appliquons-nous à lui
faire comprendre que la passion de la justice, le souci de
l'idéal et le service de Jésus-Christ ont pour condition le
respect de la femme.

XVI. *Dans nos prédications et nos conférences*
spéciales, établissons la doctrine du mariage selon Dieu
et conforme aux lois de la vie.

Le respect de la femme est compromis parce que le
mensonge prévaut dans le mariage et substitue au
respect et à l'affection des considérations tout accessoires,
à la fidélité conjugale le simple souci des convenances.

Notre sévérité à l'égard des mariages mixtes qui mettent en péril la foi de l'époux fidèle est légitime. Il y a toutefois des mariages plus coupables encore : ce sont ceux par lesquels s'établissent ces apparences d'unions qui ne possèdent ni les promesses de la vie présente, ni celles de la vie à venir. En les préparant, on ne s'est soucié ni des exigences des cœurs, ni de l'accord des volontés. La personne humaine n'y a compté pour rien. L'intérêt, l'amour-propre ou quelque autre sentiment moins avouable ont tout fait. Ayons le courage de condamner ce que Dieu ne peut bénir, et ne cessons d'opposer au foyer amoindri, qui ne produit que des hommes manqués, le foyer véritable dont la volonté divine a fait le berceau de toute liberté, l'école de la justice et du dévouement.

N'oublions pas que ce foyer-là est le plus puissant argument contre les turpitudes de l'heure actuelle.

XVII. *On peut en général observer que les milieux les plus atteints par le désordre pornographique sont ceux où prévaut une conception ascétique de la perfection.*

Lorsque la foule confond la pureté avec la mutilation de l'existence, ne pouvant faire l'ange, elle se croit autorisée à céder aux appétits de la bête.

Nous devons nous appliquer à dissiper ce malentendu et remplacer l'imagination malsaine d'une sainteté arbitraire et contre nature, par la doctrine de la sainteté — santé que réalise le développement normal de la vie dans l'exercice harmonieux de toutes nos facultés.

Cette piété est, du reste, la seule conforme à l'Évangile du Royaume de Dieu sur la terre que réclament aujourd'hui les peuples en travail.

En écrivant ces pages, je me suis uniquement proposé de mettre en relief quelques-uns des points sur lesquels peut utilement s'engager la discussion au sujet de la lutte contre la pornographie.

Je crois m'être acquitté de cette tâche. Je ferais tou-

jurisconsultes et législateurs reculeront inévitablement. On dira toujours que si l'opinion publique le demande les parquets poursuivront, et qu'il est tout à fait inutile de modifier de fond en comble les principes et les insti tutions.

Si donc vous voulez maintenir votre deuxième con- clusion, sachez au moins que c'est sans aucun espoir de succès ; il n'y aurait du reste, rien à changer à la rédaction.

Mais voici qui est tout à fait pratique et constituerait un grand progrès : La citation en police correctionnelle peut être donnée par toute *partie lésée ;* on entend par là *qui souffre un dommage* ou *préjudice actuel provenant d'un délit.* Le père ou le tuteur qui trouve (comme le père Hyacinthe) une publication pornographique entre les mains de son fils ou de son pupille, constate un dommage moral ; il y a là une atteinte à la moralité de l'enfant dont le père surveille l'éducation. Ce père peut donc citer le distributeur de l'écrit en police correctionnelle, demander la réparation du préjudice causé et forcer par là le minis- tère public à conclure à l'application d'une peine.

Jusqu'ici il n'y a pas eu, à ma connaissance, de père qui ait agi ainsi, mais ma conviction est qu'il aurait le droit de le faire. Mes motifs sont que le dommage moral (atteinte aux mœurs, à la pudeur), doit être assimilé au dommage matériel, et que, en présentant son projet de loi, le gouvernement avait eu d'abord l'intention de pro- poser une simple addition à l'art. 330 du Code pénal, qui punit l'outrage public à la pudeur, Si les Chambres ont préféré une disposition à part, il n'en est pas moins vrai que l'assimilation a été dans leur pensée : or, dans le cas de l'art. 330, il peut y avoir citation directe par celui ou celle qui se prétend outragé.

Avant de vous donner mon opinion sur ce point, j'ai voulu réfléchir, recourir aux principes et aux textes et puis consulter un de mes collègues qui s'est occupé de droit criminel. Il n'a pas hésité à conclure comme moi. Je crois donc qu'il faut affirmer le droit du père de famille à agir quand le ministère public n'agit pas. De même

pour le mari à la femme de qui on aurait remis un écrit
pornographique. Je sais bien qu'un mari se décidera difficilement à mettre le public dans la confidence d'un pareil
fait, redoutant les gloses sur les impressions que l'écrit
aurait pu faire. Mais quoique un père puisse être retenu
(et il le sera souvent) par des appréhensions analogues, il
se décidera pourtant dans certains cas à citer le distributeur. Ceci serait particulièrement utile pour faire cesser
la distribution d'écrits immoraux à la sortie des lycées.

Maintenant, pourrait-on aller plus loin? Un homme
jeune, d'âge mûr ou vieux pourrait-il citer le distributeur
qui lui aurait remis une publication pornographique et
demander la réparation du dommage moral qui lui aurait
été causé? Ceci est beaucoup plus délicat, parce qu'il serait
très difficile de prouver que l'écrit ait contribué à cor-
rompre et à dépraver, qu'il ait même seulement sali
l'imagination. Les juges se montreraient très sceptiques
et l'avocat du prévenu dirait toujours : vous n'aviez qu'à
ne pas lire.

De même pour les affiches indécentes ; un père peut
dire: j'étais avec ma jeune fille, elle ne pouvait pas ne pas
voir l'affiche exposée à tous les yeux, même sans s'arrêter.
Je dois être à l'abri de ces images, comme des cris et
chansons obscènes. Mais l'homme fait ne pourrait soutenir
cela pour lui-même avec quelque chance de succès.

Je conclus donc : il faut affirmer hautement le droit
du père de famille, — ceci est pratique, répond à un sentiment qui sera compris : — et bien choisir la première
occasion d'agir. Il y a une importance capitale à ce que la
première citation soit suivie d'une condamnation et, pour
cela, il faut que les circonstances soient de nature à ne
pas permettre l'hésitation. Un premier jugement peut
alors être suivi d'un second et faire jurisprudence. En un
mot, il faut user de la loi actuelle résolument au lieu d'en
demander une nouvelle qui ne sera pas faite de bien
longtemps.

Il y aurait là une application remarquable de l'initiative individuelle: les pères de famille agissant eux-

mêmes, sans tout attendre de la bonne volonté des magistrats du parquet. Avec le courage, le jugement et la persévérance, on atteindrait le résultat et les parquets ne
pourraient plus ou n'oseraient plus s'abstenir si les juges,
soutenus par l'opinion publique, condamnaient.

PIÈCE ANNEXE B

———

Je suis heureux de pouvoir transcrire ici l'opinion d'un magistrat très compétent. Je le dois à l'extrême obligeance du jurisconsulte dont on vient de lire la lettre :

Je crois que la Ligue n'a aucune chance de faire modifier la loi de 1882 dans le sens qu'elle désire par l'excellente raison que le résultat auquel elle veut arriver peut être atteint avec la législation actuelle. Le régime de la loi de 1882 est celui du droit commun. Il en résulte que le droit de saisir directement le tribunal par voie de citation appartient à toute personne lésée par le délit que prévoit et que réprime la loi en question. Or il ne me paraît pas douteux que le dommage moral éprouvé par un enfant auquel on distribue un écrit obscène ne soit suffisamment appréciable pour motiver et justifier l'action du représentant légal de cet enfant, c'est-à-dire du père. Donc, *en droit*, la faculté de citer directement l'auteur du délit de vente ou distribution d'un ouvrage obscène ne me paraît devoir rencontrer aucun obstacle et il est absolument inutile de recourir à une disposition législative nouvelle pour créer un mode d'action qui est réglé par le code d'instruction criminelle.

En fait je n'ai pas besoin de vous faire observer que l'espèce à propos de laquelle on demandera pour la première fois au tribunal de consacrer ce principe en matière d'outrage aux bonnes mœurs, devra être choisie avec un extrême discernement. Vous sentez quel préjugé défavorable crée pour le plaignant l'inaction du Parquet lequel est CENSÉ relever et poursuivre *proprio motu* tous les délits de cette nature. Il faudra, sinon que la publication remise à l'enfant soit une de celles poursuivies déjà et condamnées, tout au moins que l'obscénité soit *exceptionnellement* caractérisée.

En pareille matière je me défie un peu, je l'avoue, de l'aptitude d'un père de famille à fixer la limite qui sépare le licencieux de l'obscène, les points de comparaison lui faisant généralement défaut.

Mais je le répète, si le délit est caractérisé, le plaignant devra en obtenir la répression en se pourvoyant directement devant le tribunal.

www.ingramcontent.com/pod-product-compliance
Lightning Source LLC
Chambersburg PA
CBHW072017290326
41934CB00009BA/2115